池上彰と考える

未来の社会とデジタル庁

» デジタル庁が目指す未来

③

監修
池上彰

目次

はじめに

世界をリードする日本へ デジタル化は待ったなし

2020年、コロナ禍《か》で緊急事態宣言《きんきゅうじたいせんげん》が出た際《さい》、政府《せいふ》は国民に「なるべく外出を控《ひか》えてください」と呼《よ》びかけました。出社を控えて在宅《ざいたく》で仕事をする人が増えたのに、相変わらず電車に乗って出勤《しゅっきん》する人たちがいました。テレビ局が街頭インタビューで理由を聞くと、「会社でハンコをもらわなければなりませんから」という答えが返ってきました。

これには驚《おどろ》いた人も多かったのですね。IT化が進んでいたと思っていたのに、いまだに上司の決裁《けっさい》をもらうためにはハンコが必要だったとは。日本のデジタル化が大きく遅《おく》れていることを多くの国民が知った瞬間《しゅんかん》でした。

あれから2年以上経ったのに、実はわたしが仕事をしている大学やテレビ局では、相変わらずハンコが必要なところがあります。日本のデジタル化の立ち遅れは深刻《しんこく》な状態《じょうたい》です。

また、以前サイバーセキュリティ担当《たんとう》大臣が国会での審議《しんぎ》で、パソコンやインターネットを使っていないことが判明《はんめい》しました。USBメモリを知っているかとも問われ、「パソコンに挿《さ》すもののようですが、使ったことはありません」と答え、これには仰天《ぎょうてん》した人も多かったのではないでしょうか。

このニュースが流れた後、イギリスの新聞が「日本のサイバーセキュリティ担当大臣は世界最強だ。サイバー攻撃《こうげき》を受ける心配がない。インターネットを使っていないのだから」と書きました。わたしは大変恥《は》ずかしい気持ちになりました。

「サイバーセキュリティ」とは、インターネットを介《かい》してコンピューターウイルスなどを送《おく》り込《こ》んで情報《じょうほう》を抜《ぬ》き取《と》ったり、機械類を動かなくしたりする攻撃から守る取り組みのことです。自分がインターネットを使っていなければ、どんな

ジャーナリスト
池上　彰

リスクがあるか、どんな対策《たいさく》を取ればいいか、理解《りかい》できません。

また、コロナ禍対策として国民全員に一人 10 万円ずつ給付金を支給《しきゅう》することになったとき、業務《ぎょうむ》を担当する地方自治体の職員《しょくいん》たちは、手続きを手書きで進めることになったりしました。本来ならマイナンバーカードを使って簡単《かんたん》に処理《しょり》が終わるはずの業務だったのですが、マイナンバーカードを持っている人が少なかったために、こんなことになりました。

このような混乱《こんらん》が相次いだために、解決策としてデジタル庁《ちょう》が発足することになりました。

これまで日本の役所は、役所ごとにシステムが異《こと》なり、横の連携《れんけい》がうまくいっていませんでした。霞《かすみ》が関《せき》の複数の中央省庁の担当者同士がリモート会議を開こうとしても、システムが違《ちが》って実施《じっし》できない有様でした。こうした問題点を一気に解決する役所としてデジタル庁が生まれたのです。

それにしても、なぜマイナンバーカードを持っている人が少ないのでしょうか。持っていない人にわたしが聞いたところ、「情報が洩《も》れてしまうかも知れないから」という不安の声が返ってきました。あるいは、「政府がこれを何に使うかはっきりしないから」という声もありました。

結局は、政府への信頼《しんらい》がないからなのですね。信頼がないままではデジタル化は進みません。政府も国民も一緒《いっしょ》になってデジタル化を進める。今はそれが求められているのです。

将来《しょうらい》は、あなたも社会の一員としてデジタル化を進める役割《やくわり》を担《にな》うことになります。日本が世界をリードできるようになるためには、デジタル化は待ったなしです。そのためにも、この本で基礎《きそ》を学んでおきましょう。

巻頭《かんとう》コラム

世界的にサイバー攻撃《こうげき》が広がっている

マルウェア（悪意のあるソフトウェア）とは、他人のパソコンやスマートフォンなどを攻撃《こうげき》して、情報《じょうほう》を盗《ぬす》んだり、利用者本人の意思に反した動作をさせたりする不正なコンピュータープログラムのことをいいます。

インターネットや、パソコン、スマホなどのデジタル機器を使って、わたしたちの生活や企業《きぎょう》活動、また国に大きな影響《えいきょう》をあたえる攻撃は、サイバー攻撃と呼《よ》ばれ、インターネットが普及《ふきゅう》して、世界中がネットワークでつながるようになった今日では大きな問題になっています。

特に、買い物や口座《こうざ》取引など多くのことがパソコンやスマホなどのデジタル機器で完結できるようになった最近では、マルウェアを使ってのサイバー攻撃の危険《きけん》性《せい》が高まっているのです。

また、*AI《エーアイ》（人工知能《ちのう》）などの最先端《さいせんたん》の技術《ぎじゅつ》を使って、本物そっくりのニセ動画が作られ、悪意をもって拡散《かくさん》される事態《じたい》も発生しています。

パイプラインを人質《ひとじち》に、約4億8千万円の身代金《みのしろきん》を要求!!

2021 年 5 月、アメリカの民間企業《きぎょう》であるコロニアル・パイプライン社は、犯《はん》罪者《ざいしゃ》グループによるサイバー攻撃《こうげき》を受け、同社が操業《そうぎょう》するアメリカ最大規模《きぼ》のパイプラインが停止《ていし》する事態《じたい》となり、大きな被害《ひがい》が発生しました。犯罪者グループは、身代金《みのしろきん》として 440 万ドル(日本円にして約4億8千万円〈当時〉) を要求しました。このサイバー攻撃による燃料供給《ねんりょうきょうきゅう》停止の影響《えいきょう》が広がることを避《さ》けるために、コロニアル・パイプライン社は身代金を支払《しはら》わざるを得《え》ませんでした。

AI《エーアイ》(人工知能《ちのう》)・・・さまざまな情報《じょうほう》を収集《しゅうしゅう》して自分で学習し、人間のように複雑《ふくざつ》な作業をコンピューターができるように作られたソフトウェア。

日本でも、サイバー攻撃《こうげき》で自動車生産がストップした!!

2022 年 2 月、トヨタ自動車の協力会社で自動車部品を生産する小島プレス工業が、第三者による不正アクセス、いわゆるサイバー攻撃《こうげき》を受けました。

同社では、さらなるサイバー攻撃予防のために外部ネットワークを遮断《しゃだん》するなどの対応を行い、トヨタ自動車関連の14 工場で生産ラインがストップするなど大きな影響《えいきょう》が出ました。

ウクライナの大統領《だいとうりょう》の声明発表はニセ動画だった

2022 年 2 月以来、ロシアの侵攻《しんこう》により、戦争状態《じょうたい》にあるウクライナのゼレンスキー大統領《だいとうりょう》は、自国民や世界の人々に向けて SNS《エスエヌエス》 などを通じて、さまざまな情報《じょうほう》発信を行ってきました。

そうしたなかで、同年 3 月に、ゼレンスキー大統領が国民に降伏《こうふく》を呼《よ》びかける動画が SNS 上で拡散《かくさん》しました。しかし、この動画はフェイク動画(ニセ動画)であることが後に判明《はんめい》したのです。

この動画は、「*ディープフェイク」と呼ばれる AI《エーアイ》 による画像《がぞう》・動画合成の技術《ぎじゅつ》を使って作成されたもので、ちょっと見ただけではフェイクと気づかないほどでした。

THIS IS A DEEPFAKE(これは、ディープフェイクです)

本物の動画と比較《ひかく》すれば、顔の動きと体の動きの不自然さや、口の動きと音声の不自然さなどが分かるが、ちょっと見ただけではフェイク動画と気づくことは難《むずか》しい。
この事件を報道するにあたって、誤解《ごかい》が生じないよう、「THIS IS A DEEPFAKE」あるいは「DEEPFAKE」の文字を入れた動画が用いられ、注意喚起《かんき》された。

ディープフェイク･･･AI《エーアイ》によって、2つの画像《がぞう》･動画を部分的に交換《こうかん》する技術《ぎじゅつ》。2つの写真などを合成して、本物そっくりのニセ画像･動画をつくれることから、ニセ画像･動画そのものもディープフェイクと呼《よ》ばれる。

“身代金《みのしろきん》を払《はら》え! 払わないと盗《ぬす》んだ情報《じょうほう》を公開するぞ！”という二重の恐喝《きょうかつ》が増《ふ》えている

最近のサイバー攻撃《こうげき》などの事例では、企業《きぎょう》などのシステムに不正に侵入《しんにゅう》して重要なデータなどを盗《ぬす》み取《と》って、「返してほしければ身代金《みのしろきん》を払《はら》え」と要求し、かつ「支《し》払《はら》わなければ、データを公開するぞ」と二重に脅《おど》す、いわゆる二重恐喝《きょうかつ》という手口が増《ふ》えているといいます。

前ページの小島プレス工業の例のように、日本でも、こうしたマルウェアを使った、企業のシステムなどに侵入し、情報《じょうほう》を盗み取ったり、その情報を人質《ひとじち》として身代金を要求したりするサイバー攻撃が増加《ぞうか》しています。警察庁《けいさつちょう》の広報資料《こうほうしりょう》「令和3年（2021年）におけるサイバー空間をめぐる脅威《きょうい》の情勢《じょうせい》等について」によれば、企業や団体《だんたい》などでの、このような手口に使われる*ランサムウェア被害《ひがい》の報告件数《ほうこくけんすう》は、2020年下期が21件だったものが、2021年上期で61件、同年下期で85件と大きく増加しています。

今後、社会のデジタル化がますます進むことで、こうした事例はさらに増加する危険性《きけんせい》があり、これまで以上に、セキュリティ対策《たいさく》が重要性を増《ま》しています。

企業《きぎょう》・団体《だんたい》等におけるランサムウェア被害《ひがい》の報告件数《ほうこくけんすう》の推移《すいい》

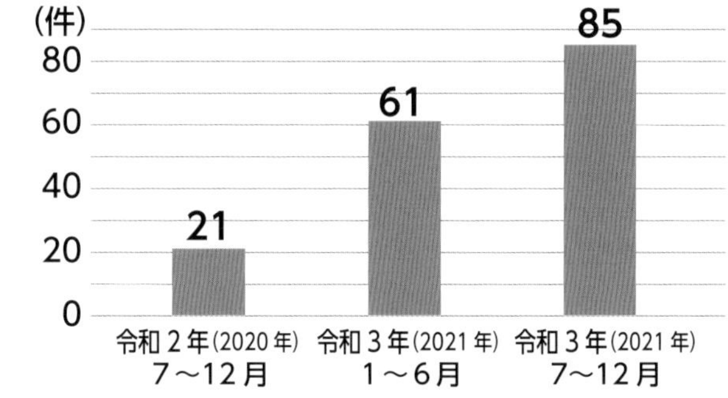

ランサムウェア被害《ひがい》の手口別報告件数《ほうこくけんすう》

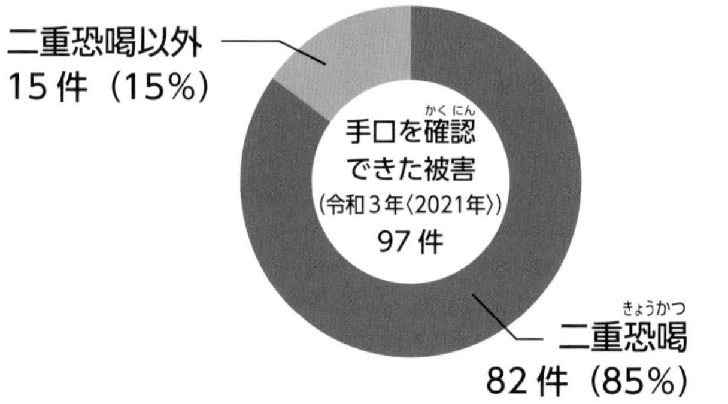

（出典）警察庁「令和３年におけるサイバー空間をめぐる脅威の情勢等について」

このようなサイバー攻撃が増えるなか、日本では、2013年に設置《せっち》された「国家安全保障《ほしょう》会議（NSC《エヌエスシー》）」（→ P41）と、2015年に設置された「サイバーセキュリティ戦略《せんりゃく》本部」（→ P41）がサイバーセキュリティ対策の中心的な役割《やくわり》を担《にな》ってきました。そして、2021年にデジタル庁《ちょう》が創設《そうせつ》されたことによって、今後は3つの機関がそれぞれ役割分担《ぶんたん》しながら、関係の省庁《しょうちょう》とも協力・連携《れんけい》を強めて、日本のサイバーセキュリティの強化に努めるようになりました。

ランサムウェア…企業《きぎょう》などのコンピューターに侵入《しんにゅう》して使えない状態《じょうたい》にし、使えるようにするための条件《じょうけん》として“身代金《みのしろきん》”を要求する犯罪《はんざい》に使われるマルウェア。

第1章

なぜ、デジタル庁《ちょう》はできたの？

1 日本のDX《ディーエックス》は遅《おく》れている

どうしてデジタル化しなければいけないの?

今、世界的にデジタル化が進んでいます。なぜ、そんなにもデジタル化が必要なのかといえば、国（政府《せいふ》）も、企業《きぎょう》も、個人《こじん》も、デジタル化がさらに進展《しんてん》することによって受けることのできるメリットが大きいからです。

デジタル・トランスフォーメーション(DX《ディーエックス》)って、何?

デジタル・トランスフォーメーションという言葉を聞いたことがあるでしょうか。

実は今、社会ではデジタル・トランスフォーメーションに注目が集まっています。カタカナの言葉は見聞きしたことがなくても、「DX《ディーエックス》」というアルファベットは見聞きしたことがあるのではないでしょうか。

DXとは、まさにデジタル・トランスフォーメーションの略称《りゃくしょう》なのです。

さて、この「デジタル・トランスフォーメーション」(以降は「DX」と表記します)は、日本語では「デジタルによる変容《へんよう》」と訳《やく》されます。

つまり、DXとは、デジタル技術《ぎじゅつ》によって、わたしたちの生活や仕事、さらには行政《ぎょうせい》手続きなどが変わっていき、今よりももっと便利に、そして暮《く》らしそのものが豊《ゆた》かになることを意味しています。もともとは、スウェーデンの大学教授《きょうじゅ》が2004年に提唱《ていしょう》した考え方ですから、約20年も前にすでにあったものなのです。

そんな20年近く前からあったDXが、最近になって日本で注目されたのはなぜか？　それは、日本のDXが世界に比《くら》べて遅《おく》れているからなのです。

日本が目指したIT《アイティー》国家って、どんなもの?

日本は2001年に、IT《アイティー》国家戦略《せんりゃく》として

「e-Japan《イージャパン》戦略」というものを発表しました。そのなかでは、インターネットなどの通信とコンピューターを使ったさまざまな情報技術《じょうほうぎじゅつ》 (Information《インフォメーション》 Technology《テクノロジー》=IT) を活用して、「(日本は) 5 年以内（つまり 2006 年）に、世界最先端《さいせんたん》の IT 国家になる」という目標を掲《かか》げていたのです。

さらに重点的に取り組むテーマとして「電子政府《せいふ》の実現《じつげん》」なども取り上げられていました。その他、「電子商取引」(いわゆるネット通販《つうはん》など) を使いやすくしようとか、通信ネットワークを超《ちょう》高速にしようといったテーマも取り上げられていました。

思うほどには進まなかった日本のデジタル化

しかし、e-Japan《イージャパン》戦略《せんりゃく》で、2006 年ぐらいまでには「世界最先端《さいせんたん》の IT《アイティー》 国家」になると宣言《せんげん》していたにもかかわらず、2020 年を越《こ》えても、日本のデジタル化はとても世界最先端と呼《よ》べるような状況《じょうきょう》にはたどりついていないというのが実情《じつじょう》です。

もちろん、まったく成果がなかったわけではありません。たとえば「電子商取引」、いわゆるネット通販《つうはん》などはとても便利に活用できるようになりました。アメリカの企《き》業《ぎょう》である Amazon《アマゾン》 だけでなく、日本企業が運営《うんえい》する楽天市場なども大きな成果を上げています。

通信ネットワークについても、大容量《だいようりょう》の通信ネットワークが整備《せいび》され、ネット配信の動画なども見やすくなっています。

しかし、日本以外の国のデジタル化は、もっともっと発展《はってん》しており、世界の国々と比較《ひかく》すると、やはり遅《おく》れているといわざるを得《え》ないのです。

日本のなかで暮《く》らしていると、今の状況に特に不便を感じることもないので、海外に比《くら》べて遅れているといわれてもピンとはこないかもしれません。

しかし、日本がいかに遅れているのかを表す統計《とうけい》データがあります。それが、国連の経済《けいざい》社会局 (UNDESA《ユーエヌディーイーエスエー》) が、2008 年以降《いこう》、2 年おきに発表している「電子政《せい》府《ふ》ランキング」です。

この統計調査《ちょうさ》で、過去《かこ》から今日までの日本のデジタル化、あるいは IT 化の進展度合いを確認《かくにん》できます。

デジタル化については、日本は海外に負けている

日本のランキングがなかなか上がっていかない

この「電子政府《せいふ》ランキング」によると、2010 年に 17 位だった日本は、2012 年には 18 位に後退《こうたい》しています。2014 年に 6 位にまでランクアップしますが、その後は多少の上下はあるものの、2020 年および最新の 2022 年時点ではいずれも 14 位となっており、「2006 年までに、日本は世界最先端《さいせんたん》の IT《アイティー》 国家になる」という e-Japan《イージャパン》 戦略《せんりゃく》の目標からは、ほど遠い結果になってしまっているのです。

電子政府《せいふ》ランキング (2010～2022年)

EGDI《イージーディーアイ》 : E-Government Development Index
さまざまな行政《ぎょうせい》手続きなどのオンライン化の進み具合や、インターネットなどの活用度合いなどを総合的《そうごうてき》に点数化した指標。指標の範《はん》囲《い》は 1.0 ～ 0.0。

順位	2010 年	EGDI	2012 年	EGDI	2014 年	EGDI
1	韓国	0.8785	韓国	0.9283	韓国	0.9462
2	米国	0.8510	オランダ	0.9125	オーストラリア	0.9103
3	カナダ	0.8448	英国	0.8960	シンガポール	0.9076
4	英国	0.8147	デンマーク	0.8889	フランス	0.8938
5	オランダ	0.8097	米国	0.8687	オランダ	0.8897
6	ノルウェー	0.8020	フランス	0.8635	日本	0.8874
7	デンマーク	0.7872	スウェーデン	0.8599	米国	0.8748
8	オーストラリア	0.7863	ノルウェー	0.8593	英国	0.8695
9	スペイン	0.7516	フィンランド	0.8505	ニュージーランド	0.8644
10	フランス	0.7510	シンガポール	0.8474	フィンランド	0.8449
11	シンガポール	0.7476	カナダ	0.8430	カナダ	0.8418
12	スウェーデン	0.7474	オーストラリア	0.8390	スペイン	0.8410
13	バーレーン	0.7363	ニュージーランド	0.8381	ノルウェー	0.8357
14	ニュージーランド	0.7311	リヒテンシュタイン	0.8264	スウェーデン	0.8225
15	ドイツ	0.7309	スイス	0.8134	エストニア	0.8180
16	ベルギー	0.7225	イスラエル	0.8100	デンマーク	0.8162
17	日本	0.7152	ドイツ	0.8079	イスラエル	0.8162
18	スイス	0.7136	日本	0.8019	バーレーン	0.8089
19	フィンランド	0.6967	ルクセンブルク	0.8014	アイスランド	0.7970
20	エストニア	0.6965	エストニア	0.7987	オーストリア	0.7912

順位	2016 年	EGDI	2018 年	EGDI	2020 年	EGDI	2022 年	EGDI
1	英国	0.9193	デンマーク	0.9150	デンマーク	0.9758	デンマーク	0.9717
2	オーストラリア	0.9143	オーストラリア	0.9053	韓国	0.9560	フィンランド	0.9533
3	韓国	0.8915	韓国	0.9010	エストニア	0.9473	韓国	0.9529
4	シンガポール	0.8828	英国	0.8999	フィンランド	0.9452	ニュージーランド	0.9432
5	フィンランド	0.8817	スウェーデン	0.8882	オーストラリア	0.9432	アイスランド	0.9410
6	スウェーデン	0.8704	フィンランド	0.8815	スウェーデン	0.9365	スウェーデン(同率5位)	0.9410
7	オランダ	0.8659	シンガポール	0.8812	英国	0.9358	オーストラリア	0.9405
8	ニュージーランド	0.8653	ニュージーランド	0.8806	ニュージーランド	0.9339	エストニア	0.9393
9	デンマーク	0.8510	フランス	0.8790	米国	0.9297	オランダ	0.9384
10	フランス	0.8456	日本	0.8783	オランダ	0.9228	米国	0.9151
11	日本	0.8440	米国	0.8769	シンガポール	0.9150	英国	0.9138
12	米国	0.8420	ドイツ	0.8765	アイスランド	0.9101	シンガポール	0.9133
13	エストニア	0.8334	オランダ	0.8757	ノルウェー	0.9064	アラブ首長国連邦	0.9010
14	カナダ	0.8285	ノルウェー	0.8557	日本	0.8989	日本	0.9002
15	ドイツ	0.8210	スイス	0.8520	オーストリア	0.8914	マルタ	0.8943
16	オーストリア	0.8208	エストニア	0.8486	スイス	0.8907	イスラエル	0.8885
17	スペイン	0.8135	スペイン	0.8415	スペイン	0.8801	ノルウェー	0.8879
18	ノルウェー	0.8117	ルクセンブルク	0.8334	キプロス	0.8731	スペイン	0.8842
19	ベルギー	0.7874	アイスランド	0.8316	フランス	0.8718	フランス	0.8832
20	イスラエル	0.7806	オーストリア	0.8301	リトアニア	0.8665	オーストリア	0.8801

（出典）UNDESA の資料を基に作成

企業《きぎょう》の業績《ぎょうせき》でも負けが目立つ日本

政府《せいふ》の電子化が遅《おく》れているという実態《じったい》は前述《ぜんじゅつ》の通りですが、日本が海外に負けているのはそれだけではありません。

実は産業力・企業力《きぎょうりょく》についても、欧米《おうべい》に差をつけられています。

かつて日本には、高度経済《けいざい》成長期という時代がありました。1955 年度～ 1972 年度あたりをいいます。

この頃《ころ》の日本は、国の経済力を表す指標である経済成長率《せいちょうりつ》(実質《じっしつ》)が、20 年近くも年平均《へいきん》で 10% 前後という高い水準《すいじゅん》を誇《ほこ》り、1968 年には、*GNP《ジーエヌピー》（国民総生産《そうせいさん》）という世界各国の経済力を比較《ひかく》する指標で、アメリカに次ぐ世界第 2 位となりました。

それ以降《いこう》、日本は経済大国と呼《よ》ばれ、長い間、第 2 位を継続《けいぞく》していました。しかし 2010 年に、日本は*GDP《ジーディーピー》（国内総生産）で中国に追《お》い抜《ぬ》かれて第 3 位となり、以降、2021 年まではずっと第 3 位となっています。

このように、日本の経済力・産業力は以前に比《くら》べて低下しています。それは海外の企業との競争に、日本の企業がなかなか勝てない状況《じょうきょう》を示《しめ》しているのです。

圧倒的《あっとうてき》に強いGAFA《ガーファ》に、日本企業《きぎょう》は追いつけるか？

みなさんは GAFA《ガーファ》という言葉を聞いたことがあるでしょうか。

これは、グーグル社（Google）・アマゾン社（Amazon）・フェイスブック社（Facebook〈現在《げんざい》はメタ社〉）・アップル社(Apple)の頭文《かしらも》字《じ》をとったものです。

この 4 社はいずれもアメリカの IT《アイティー》 系《けい》企業《きぎょう》で、今日では世界中でビジネスを展《てん》開《かい》していて、その企業価値《かち》は、どの日本企業でもかなわないほどに大きなものになっています。

企業価値は、「*時価総額《じかそうがく》」というものを計算して算出されますが、その世界ランキングにおいて、GAFA は上位にランクされているのです。

ある調査では、1989 年の世界時価総額ランキングでは、上位 10 社のうち、実に 7 社が日本企業でした。その他の国としては、アメリカの企業が 2 社、そしてイギリスの企業が 1 社だけ 10 位以内という構成《こうせい》でした。

まだこの当時は、上位 10 社のなかに、いわゆる IT 企業は 1 社もありませんでした。しかし、その後に企業ランキングは大きく変わりました。

GNP《ジーエヌピー》、GDP《ジーディーピー》･･･GNPは国民総生産《そうせいさん》。企業《きぎょう》の海外支店などの儲《もう》けも含《ふく》め、一定期間内に国民がどれだけ儲けたかという指標。GDPは国内総生産。海外での儲けは含まず、国内のみでの儲けの指標。以前はGNPが使われたが、経済《けいざい》の国際化で、国外での企業活動が活発になり、GNPでは自国の状況《じょうきょう》が分かりにくくなったため、1993年以降《いこう》はGDPが使われるようになった。

(企業《きぎょう》の)時価総額《じかそうがく》･･･「その会社が発行している株式《かぶしき》の総数《そうすう》×その時の株価」で求める。

2008年の世界時価総額ランキングでは、中国の企業が1位となり、上位10社のなかに日本企業はまったくランクインしていませんでした。

日本企業としては、唯一《ゆいいつ》、トヨタ自動車が12位にランクインしているだけでした。

ちなみに2008年には、マイクロソフト社が6位にランクインしており、この頃《ころ》からIT企業の躍進《やくしん》が目立つようになってきました。

そして、2018年においては、トヨタ自動車が23位にランクインしたものの、上位20社中に日本企業はゼロという状況《じょうきょう》になってしまったのです。

そのかわりに、GAFAの躍進が際立《きわだ》ちました。

この年の時価総額ナンバー1は、アップル社で、2位がグーグルの親会社にあたるアルファベット社。3位がアマゾン社で、6位にフェイスブック社（現メタ社）がランクインを果たし、GAFAと称《しょう》される4社がすべてトップ10以内に入っています。

こうした状況は、日本にとっては、とてもくやしい事態《じたい》だといえます。

そのため、国を挙げてＤＸ《ディーエックス》を推進《すいしん》し、GAFAを打ち負かせるような企業を育てたいと考え、取り組みをスタートさせているのです。

世界の時価総額《じかそうがく》ランキングは10年で様変わりした

2008年（2月末時点）

	企業《きぎょう》名
1	中国石油天然気［ペトロチャイナ］
2	エクソン・モービル
3	ゼネラル・エレクトリック（GE《ジーイー》）
4	中国移動《いどう》［チャイナ・モバイル］
5	中国工商銀行
6	マイクロソフト社
7	ブラジル石油会社
8	ロイヤル・ダッチ・シェル（現《げん》・シェル）
9	AT＆T《エーティーアンドティー》
10	BP《ビーピー》（旧ブリティッシュ・ペトロリアム）
⋮	⋮
12	トヨタ自動車

2018年（2月末時点）

	企業名
1	アップル社
2	アルファベット社
3	アマゾン（・ドット・コム）社
4	マイクロソフト社
5	騰訊［テンセント・ホールディングス］
6	フェイスブック（現《げん》メタ）社
7	バークシャー・ハサウェイ
8	アリババ・グループ・ホールディング
9	ＪＰ《ジェーピー》モルガン・チェース・アンド・カンパニー
10	中国工商銀行
⋮	⋮
23	トヨタ自動車

（出典）経済産業省「世界の構造変化と日本の対応」（平成30年〈2018年〉5月）

もはや、日本のDX《ディーエックス》化は待ったなし

日本の企業《きぎょう》がＤＸ《ディーエックス》への取り組みを一段《いちだん》と進めていくきっかけになったのは、経済《けいざい》産業省《さんぎょうしょう》が発表した「DXレポート」（2018年〈平成30年〉）がきっかけでした。

もちろん、それ以前から大企業や、一部の先進的な企業などはDXに取り組んでいましたが、必ずしも主流ではありませんでした。なぜなら、DXに取り組まなくても、多くの企業にとっては、それほど不都合がなかったからです。

DXとは、デジタルの活用によって、仕事の効率《こうりつ》を高めたり、デジタル技術《ぎじゅつ》を生かして新しい商品やサービスを作ったりする取り組みのことです。いってみれば、プラスα《アルファ》を作ることがねらいなので、DXに取り組まなかったからといって、マイナスになることはない、と考える企業が、それまでは多かったのです。

だから、日本のDXはなかなか進みませんでした。

しかしDXレポートのなかでは、「（DXへの取り組みを推《お》し進《すす》めていかないと、）2025年以降《いこう》、最大で年間約12兆円の経済損失《そんしつ》が生じる可能性《かのうせい》がある」と結論《けつろん》づけられました。

1年間で約12兆円もの損失が発生するというのは、日本の多くの企業の収益《しゅうえき》が悪化する結果であり、"DXなんてやらなくても、マイナスにはならない"などとのんきなことをいっていられなくなったのです。

DXレポートで、「2025年までにDXを進めないと損失が発生する」と発表されたのは2018年ですから、その時点では7年間ほどの余裕《よゆう》がありました。

しかし、2022年を過《す》ぎた今、もはや余裕はありません。

社会全体のデジタル化、つまりDX化は待ったなしの課題であり、その最前線に立って、この国を引《ひ》っ張《ぱ》っていくのが、デジタル庁《ちょう》の大きな役割《やくわり》のひとつなのです。

日本がＤＸ《ディーエックス》を進めないと、将来的《しょうらいてき》に大きな損失《そんしつ》につながる

2 コロナ禍《か》の経済《けいざい》対策《たいさく》の遅《おく》れは デジタル化の遅れが原因《げんいん》

コロナ禍《か》で困《こま》ってしまった国民に、政府《せいふ》はどんな支援《しえん》をしたか

2020年1月に日本で初めて新型《しんがた》コロナウイルス感染者《かんせんしゃ》が発見されて以来、急速に感染者が増《ふ》え続《つづ》けました。

日本政府《せいふ》は2020年3月10日に、新型コロナウイルスによる感染爆発《ばくはつ》を「歴史《れきし》的緊急事態《てききんきゅうじたい》」に初指定しました。また世界でも、WHO《ダブリューエイチオー》（世界保健《ほけん》機関）では翌《よく》11日に「（この事態を）パンデミック（世界的大流行）」だと発表しました。

さらに翌月4月7日には、7都府県（東京、神奈川、埼玉、千葉、大阪、兵庫、福岡）に緊急事態宣言《せんげん》を発出するまでになりました。翌4月8日には国内の感染者数はのべ5000人を超え、4月18日にはのべ1万人を超《こ》えました。

こうした状況下《じょうきょうか》で、経済《けいざい》活動は停滞《ていたい》しました。企業《きぎょう》は可能《かのう》な限《かぎ》り在宅勤務《ざいたくきんむ》を推奨《すいしょう》するようになり、飲食店などは休業しなければならない事態に追《お》い込《こ》まれました。店舗《てんぽ》などで働く人たちの多くは在宅勤務などしようもなく、収入《しゅうにゅう》が大きく減《へ》ってしまう人が続出しました。そこで政府は、2020年4月20日に「新型コロナウイルス感染症緊急経済対策《たいさく》」を閣議《かくぎ》決定し、その中に、「特別定額《ていがく》給付金」として、すべての国民に一律《いちりつ》10万円の支給《しきゅう》を行うことも盛《も》り込《こ》んだのです。

コロナ禍《か》の支援《しえん》、うまく実施《じっし》できたの？

緊急対策《きんきゅうたいさく》としての「特別定額《ていがく》給付金」は、多くの人たちにとって、とても助かる政策《せいさく》ではありましたが、実際《じっさい》にすべての国民に一律《いちりつ》に10万円を支給《しきゅう》するというのは、手続きとしては簡単《かんたん》なことではありませんでした。

海外の先進的な国では、国民に関する多様な情報《じょうほう》を国が一元的に管理しています。その情報の中に公的なお金をやりとりできる銀行口座《こうざ》情報が含《ふく》まれているこ

とが多く、そうした国では、給付金を振《ふ》り込《こ》むという手続きはとても簡単にできます。

しかし、日本ではそうした仕組みがしっかりと整備《せいび》されていなかったため、簡単にはできなかったのです。

また、国と地方自治体などでは、情報の一元管理どころか、使用している情報システム自体が統一《とういつ》されていないために、国と地方自治体などの情報連携《れんけい》・データ連携がうまく機能《きのう》しないのが実情でした。

そのため、国が１日でも早く特別定額給付金を国民全員に配りたいと考えても、実際の手続きは各地方自治体の実情に合わせた形で実施《じっし》しなければなりませんでした。こうした状況下で、東京都 23 区に限《かぎ》ってみても、この給付金の支給はスムーズにいかず、時期も区によってバラツキの大きいものとなったのです。

もっとも早いところでも、閣議決定より1カ月後の５月下旬頃《げじゅんごろ》でしたし、もっとも遅《おそ》い区だと、さらに１カ月ほどもずれこんだ６月下旬頃だったところさえありました。

マイナンバーカードのメリットが十分に発揮《はっき》されなかった

一部ではマイナンバーカードを利用したオンライン申請《しんせい》が可能《かのう》で、その場合には迅速《じんそく》に支給《しきゅう》がなされました。しかし、特別定額《ていがく》給付金の支給が決定した 2020 年４月時点のマイナンバーカードの交付率《こうふりつ》は、わずかに 16% でした。そのため、このメリットを活用できた人は、とても少なかったのです。これでは、デジタル化による迅速な行政《ぎょうせい》サービスの提供《ていきょう》とはほど遠い状況《じょうきょう》だといえるでしょう。

また申請方法などによって支給スピードが異《こと》なり、特別定額給付金を受け取るタイミングに差が生まれたのも問題です。

今後は、必要な人に、必要な行政サービスを迅速にかつ公平に提供できるようにするためにも、国や地方自治体が共通で使えるシステムの構築《こうちく》などデジタル化が不可欠です。そして、それを実現するのも、デジタル庁《ちょう》の重要な役割《やくわり》なのです。

当時のマイナンバーカードの市区町村別交付枚数《まいすう》等について

団体区分別

（令和２年〈2020 年〉４月１日時点）

区分	人口（平成 31.1.1 時点）	交付枚数《まいすう》（令和 2.4.1 時点）	人口に対する交付枚数率《こうふまいすうりつ》
全国	127,443,563	20,332,415	16.0%
特別区	9,486,618	2,039,992	21.5%
政令《せいれい》指定都市	27,488,569	4,677,359	17.0%
市（政令指定都市を除《のぞ》く）	79,573,258	12,185,561	15.3%
町村	10,895,118	1,429,503	13.1%

（出典）総務省

3 進まない マイナンバーカード活用

なぜマイナンバーカードは普及《ふきゅう》してこなかったのか?

マイナンバーカードとは、日本国民全員を対象《たいしょう》として、市区町村が、発行を希望する住民に対して発行する、一種の身分証明書《しょうめいしょ》です。2016年1月から交付が開始されました。

このカードは「行政《ぎょうせい》手続《てつづき》における特定の個人《こじん》を識別《しきべつ》するための番号の利用等に関する法律《ほうりつ》」(いわゆる「マイナンバー法」)に基《もと》づくものです。これは簡単《かんたん》にいえば、このカードがあれば、いろいろな行政手続きを簡単に済《す》ませることができるようになる、というものです。

この法律が審議《しんぎ》・成立するまでには、すべての国民に関する多種多様な情報《じょうほう》を国が一元的に管理するのは、背番号をつけられて国に管理されるようなもの(「国民総背番号制《そうせばんごうせい》」)だとして、マイナンバー制度を批判的《ひはんてき》にとらえる人たちもいました。個人のあらゆる情報を国に管理されることで、わたしたち国民の行動すべてが監《かん》視《し》される、過度《かど》な監視国家になってしまうのではないかと心配しているのです。

義務化《ぎむか》されていないので、さまざまな理由で作らない人もいる

そうした批判的な意見を持つ人たちがいたことに加えて、無料とはいえ、わざわざ手続きしてマイナンバーカードを発行してもらうことに、あまりメリットがなかったために、それほど普及《ふきゅう》しませんでした。

きちんと運用できればメリット盛《も》りだくさんのマイナンバー制度《せいど》

しかし、マイナンバー制度《せいど》が適切《てきせつ》に運用されれば、国民にとっても多くのメリットがあります。

たとえば、銀行口座《こうざ》を開設《かいせつ》する際《さい》など、手続きに本人確認《かくにん》のための身分証明書《しょうめいしょ》を求められるような場面は少なくありません。多くの人は運転免許証《めんきょしょう》を身分証明書として提示《ていじ》しますが、運転免許証の取得《しゅとく》は国民の義務《ぎむ》ではないので、持っていない人もいます。そもそも一定の年齢《ねんれい》に達していないと、運転免許の取得ができませんから、未成年者の多くは公的な身分証明書として運転免許証を利用することもできません。マイナンバーカードはすべての国民を対象《たいしょう》としているので、未成年者でも発行を受けられ、公的な身分証明書として機能《きのう》します。

また役所などに発行してもらう必要のある公的な書類（住民票や印鑑《いんかん》登録証明書など）の発行手続きは、原則《げんそく》として本人が平日の日中に役所に出向く必要があるなど面倒《めんどう》な側面がありましたが、マイナンバー制度によって、役所に行かずに、また、休みの日や夜でもコンビニなどで発行することも可能《かのう》になるなど、便利な点があるのです。

さらには、マイナンバーカードが健康保険証《ほけんしょう》として使える仕組みも整ってきているので、ますます便利な使い方ができるようになります。

マイナンバーカードは、将来的《しょうらいてき》にはいろいろな機能《きのう》が備《そな》わるといわれている

普及《ふきゅう》の次は、活用も！

国がマイナンバーカード普及《ふきゅう》に向けてキャンペーンを行い、またコロナ禍《か》という特殊《とくしゅ》な社会環境《かんきょう》もあって、2022年にはカードの交付が進みました。

しかし、まだ100%にはほど遠く、もっともっと浸透《しんとう》を図《はか》る必要があります。

また、普及も大切ですが、一方で、マイナンバーカードの有効《ゆうこう》活用についても、もっと積極的に取り組む必要があります。

たとえば、マイナンバーカードを健康保険証《ほけんしょう》として統一的《とういつてき》に利用する動きもそのひとつです。デジタル庁《ちょう》が中心となって、2024年秋に現行《げんこう》の健康保険証を廃《はい》止《し》し、「マイナ保険証」に一本化する考えを政府《せいふ》が明らかにしました。

現在《げんざい》の健康保険制度では、わたしたちが病院を受診《じゅしん》した記録は、必ずしも一元的に管理されているとはいえません。健康保険を管理する団体《だんたい》はいくつもあって、同じ管理団体のもとで病院を受診している間は、その団体が一元的にデータを保《ほ》持《じ》しています。しかし、その人が転職《てんしょく》などによって、これまでと違《ちが》う管理団体の健康保険を利用するようになると、その人の受診に関する情報《じょうほう》は2つの管理団体に別々に保存《ほぞん》されることになります。

しかも病院側では、特別な事情《じじょう》があって、特別な手続きをしない限《かぎ》り、その患《かん》者《じゃ》さんの過去《かこ》の病歴《びょうれき》や、どんな治療《ちりょう》をしてきたかを知ることができません。

より適切《てきせつ》な医療を受けるためには、その人の病歴や受診履歴《りれき》、過去にどんな治療を受けたのかが、どの病院であっても担当医《たんとうい》が確認《かくにん》できる仕組みになっていることが、とても大事になります。マイナンバー制度は、将来的《しょうらいてき》にはそうした活用までを想定しているといわれています。

一方、さまざまな個人《こじん》情報がマイナンバーと紐《ひも》づいたときに、情報漏洩《ろうえい》が起こらないよう、国のサイバーセキュリティに関心を持ち、過度な監視《かんし》国家にならないよう、わたしたちがしっかり見守っていくことが大切です。

将来的《しょうらいてき》にはマイナンバーカードで過去《かこ》の医療《いりょう》記録が分かる

クラウド・・・ユーザーがハードウェアやソフトウェアを持っていなくてもインターネットを経由《けいゆ》してコンピューターサービスを使える仕組み。

第2章

日本のデジタル化を前進させるデジタル庁《ちょう》

1 2021年9月、ついにデジタル庁《ちょう》が誕生《たんじょう》した

設置《せっち》前夜　～強い権限《けんげん》を持つ「デジタル庁《ちょう》」が必要だった～

「複数《ふくすう》の省庁《しょうちょう》に分かれる関連政策《せいさく》を取りまとめて強力に進める体制《たいせい》として、デジタル庁を新設《しんせつ》いたします」。

2020年9月、コロナ禍《か》のなかで、菅《すが》義偉内閣《よしひでないかく》が始動しました。その菅内閣総理大臣《ないかくそうりだいじん》が積極的に取り組むことにしていたのが、国としてのデジタル化の推進《すいしん》であり、それを強力に推《お》し進《すす》める機関としてのデジタル庁の新設です。冒頭《ぼうとう》の発言は、内閣総理大臣に就任《しゅうにん》した菅氏の最初の記者会見での発言です。

菅内閣は、平井卓也《ひらいたくや》氏をデジタル改革《かいかく》担当大臣に任命《にんめい》して、2021年9月のデジタル庁設置に向けて、着々と準備《じゅんび》を進めたのです。

第1章でもふれたように、日本は、2001年にIT《アイティー》国家戦略《せんりゃく》としての「e-Japan《イージャパン》戦略」を発表し、それ以後はITの活用などのデジタル化を進めようとしてきました。しかし、このとき日本のIT化を推進していた「IT総合《そうごう》戦略本部」は、デジタル庁のような省庁ではなく、担当《たんとう》省庁に対して、助言をしたり、複数《ふくすう》の省庁間の調整をしたりといった役割《やくわり》を持つ、事務局《じむきょく》のような機関でした。

そのため、「こうすべき」という助言はできても、「こうしなさい」と強く指示できる権限《けんげん》を持たなかったので、円滑《えんかつ》な推進ができませんでした。

そこで、関係省庁などに対して、強力にデジタル化・IT化を進めるための施策《しさく》実行を求めることができる行政機関が必要とされたのです。

約1年の準備《じゅんび》期間を経《へ》て、ついにデジタル庁《ちょう》、誕生《たんじょう》

そして、2021年9月1日、正式にデジタル庁《ちょう》が発足しました。

デジタル庁は、日本の政治《せいじ》を進める中央省庁のひとつであり、前述《ぜんじゅつ》の「IT《アイティー》総合《そうごう》

戦略《せんりゃく》本部」のような、それまでのIT関連の組織《そしき》よりもずっと規模《きぼ》が大きく、デジタル社会実現《じつげん》に向けて、国の機関である省庁や、地方自治体に対しても強い機能《きのう》を持つことになりました。

たとえば、デジタル庁が、デジタル化のために、ある施策《しさく》を実施することを関係省庁などに求めたにもかかわらず、なかなか実行してくれなかった場合に、勧《かん》告《こく》という法律《ほうりつ》で定められた方法で、「やりなさい」と強くいうことができるようになったのです。このことは、以前の組織にはなかったことで、これまでの組織は他の省庁や地方自治体に何かをしてもらいたいと思っても、"お願い"というレベルでしか要請《ようせい》できませんでした。そうした以前の取り組みに比《くら》べれば、デジタル庁は、とても積極的に物事を進められる組織になったといえるでしょう。

そもそも、デジタル庁の設置《せっち》にあたって重要なポイントとなったのは、各省庁や地方自治体ごとに独自《どくじ》の情報《じょうほう》システムを運用していることによる問題を解消《かいしょう》しようということです。

省庁や地方自治体ごとにバラバラに開発・管理・運用されている情報システムなどをスムーズに連携《れんけい》できるシステムにしていくためには、国の各省庁や地方自治体に対しても、強い機能を持つことは不《ふ》可欠《かけつ》のポイントだったのです。

そうした根本的な問題に対して、強く申し入れができることは、日本のデジタル化推進《すいしん》に関して、大きな前進だといえるでしょう。

2021年9月1日、デジタル庁《ちょう》発足の記者会見が行われた

菅義偉内閣総理大臣《すがよしひでないかくそうりだいじん》（右）は、記者会見を行う平井卓也《ひらいたくや》初代デジタル大臣（いずれも当時）と、オンラインでつながり、デジタル社会を印象《いんしょう》づけようとしていた。

2 デジタル庁《ちょう》が目指すこと ～ミッション・ビジョン・バリュー～

デジタル庁《ちょう》のミッション・ビジョン・バリューって、何?

どんな組織《そしき》や団体《だんたい》にも、なぜ、その組織や団体を作ったのかという理由があり、何をするのかという活動内容《ないよう》が決まっていて、組織や団体に所属《しょぞく》している人たちは、その理由や活動内容を理解《りかい》して、実行します。大きくくくれば、「志《こころざし》」といっていいかもしれません。

これは民間企業《きぎょう》でもそうですし、国の省庁《しょうちょう》などの組織についても同じです。

デジタル庁は新しく生まれた国の機関（組織）なので、「（組織として）どんな目標に向かって、どんな活動をしようとしているのか」を、わたしたち国民に向かって、はっきりと表明したのです。それが「ミッション・ビジョン・バリュー」です。

これら3つは、新しく誕生《たんじょう》したデジタル庁を理解する上で、大切なポイントなので、それぞれについて確認《かくにん》していくことにします。

ミッションって、どんなもの?

「ミッション」とは、簡単《かんたん》にいうと「（デジタル庁《ちょう》として）やらなければならないこと」です。「使命」と訳《やく》されることもあります。

デジタル庁では、自分たちのミッション（使命）を、「だれ一人取り残されない、人に優《やさ》しいデジタル化を」と表現《ひょうげん》しています。大切なのは「だれ一人取り残されない」という部分です。

日本には1億人を超《こ》える国民がいて、なかにはパソコンやスマホが苦手、という人もいるでしょう。しかし、デジタル庁は、「パソコンやスマホが使えない人は対象《たいしょう》ではありません」とはいいません。

新しい機器に抵抗《ていこう》があっても、ちょっと教えてもらえれば使えるとか、使った経《けい》験《けん》がなくても説明を見るだけですぐに使えるようになるとか、みんながきちんと使えて、デジタル化の恩恵《おんけい》がすべての国民に届《とど》くようにしようということを、このミッションで宣言《せんげん》しているのです。

たとえば、コロナ禍《か》における対策《たいさく》として、すべての国民にワクチン接種《せっしゅ》をするという施策《しさく》を行った際《さい》、インターネット上の専用《せんよう》サイトで予約をとれる仕組みを導《どう》入《にゅう》しました。

このとき、高齢者《こうれいしゃ》のなかには、使い方がよく分からずに自身の子どもや孫にパソコンやスマホを操作《そうさ》してもらって、なんとか予約できたというケースがいくつもあったそうです。

デジタル庁が目指すのは、パソコンやスマホの操作に不慣《ふな》れな高齢者や、健常者のようにはパソコンやスマホを操作することが難《むずか》しい障《しょう》がい者《しゃ》であっても、その人が必要とする行政《ぎょうせい》サービスをきちんと受けられる社会の実現です。

それをデジタル化によって実現しようということが、ミッションという形で表現されているのです。

ビジョンって、どんなもの?

そのミッション（使命）を達成したとき、社会がどうなっているか、自分たちがどうなっていたいかを表すのが「ビジョン」です。ビジョンとは、もともとは視覚《しかく》や、視力、視野など、「見ること」に関する言葉です。そこから、「(将来的《しょうらいてき》な) 見通し」や「(将来の) あるべき姿《すがた》」のような意味で使われるようになりました。「展望《てんぼう》」と表現《ひょうげん》されることもあります。

デジタル庁《ちょう》がいっているビジョンというのは、自分たち (デジタル庁) が使命を果たすことで、未来がどんな社会になっているかを、展望として示すものです。もちろん、自分たち (デジタル庁自体) がどうなっていたいかということもビジョンには含《ふく》まれています。

国民みんなが、スマホひとつで行政《ぎょうせい》サービスを受けられる社会の実現《じつげん》がミッション

それが、「Government as a Service（ガバメント・アズ・ア・サービス）」という言葉と、「Government as a Startup（ガバメント・アズ・ア・スタートアップ）」という言葉です。Government（ガバメント）は、政府《せいふ》です。内閣《ないかく》を中心とした国の機関などの全体だと思えばよいでしょう。

Service（サービス）は文字通り、わたしたち国民が、国から受けるサービス、行政サービスです。

「Government as a Service（ガバメント・アズ・ア・サービス）」というのは、単《たん》純《じゅん》に訳《やく》すと「サービスとしての政府」ということになります。これは、「サービスを必要とする人に対して、必要なときに、必要な内容《ないよう》の行政サービスを提供《ていきょう》する政府」になろうという展望（ビジョン）を表しています。

たとえば、コロナ禍《か》の影響《えいきょう》で学校を休校にしなくてはいけないというときに、対《たい》象《しょう》となる児童・生徒にスピーディーに情《じょう》報端末《ほうたんまつ》を配布《はいふ》し、通信環境《かんきょう》もきちんと整《せい》備《び》して、在宅《ざいたく》で授業《じゅぎょう》が受けられるような体制《たいせい》をすぐに構築《こうちく》し、遠隔《えんかく》授業の実施《じっし》というサービスを提供できる政府を実現するために、自分たち（デジタル庁）はがんばるといっているのです。

もうひとつのビジョンである「Government as a Startup（ガバメント・アズ・ア・スタートアップ）」は、直訳すると「スタートアップとしての政府」ということです。

スタートアップというのは、ベンチャー企業《きぎょう》などといわれる、小さくても大きな事業を立ち上げようとしている新しい企業などのことをいいます。新しいことに積極的に挑戦《ちょうせん》して、どんどん大きくなっていく企業がスタートアップのイメージです。

デジタル庁は、行政機関をスタートアップ企業のように変革《へんかく》することで、より良く改善《かいぜん》された行政サービスや、新しい行政サービスを迅速《じんそく》に生み出そうとしているのです。

スタートアップと呼《よ》ばれる企業は、新しい会社がほとんどなので、デジタル庁自体が新しい、始まったばかりの組織《そしき》であることも、意味合いに込《こ》めているのかもしれません。

このビジョンが表しているのは、「必要な行政サービスや、国民の暮《く》らしをより良いものにするための行政サービスなどを、国民の立場を尊重《そんちょう》して提供できるようにデジタルの力を活用し、実現していく。そして、新しいデジタルの活用についても積極的に挑戦していく」のだということです。これをビジョンに込めているといえるでしょう。

バリューといっても、ハンバーガーのセットではない

ミッション・ビジョン・バリューの最後は、

「バリュー」です。ハンバーガーチェーンのバリューセットというのは、代金がオトクになるセット商品です。オトクということは、価値《かち》がある、と考えたネーミングなのでしょう。もともとバリューとは「価値」という意味です。

デジタル庁《ちょう》では、このバリューを「一人ひとりのために」「常《つね》に目的を問い」「あらゆる立場を超《こ》えて」「成果への挑戦《ちょうせん》を続けます」と表現《ひょうげん》しています。

これは、デジタル庁で働くすべての人たちが、このことを働く価値として、日々、仕事に取り組むのだ、という取り組み姿《し》勢《せい》(価値観)を表しているのです。

デジタル庁は、ここで紹介《しょうかい》したミッション・ビジョン・バリューを拠《よ》り所《どころ》として、社会をデジタルで豊《ゆた》かにしていくためにさまざまな取り組みをしているのです。

デジタル庁《ちょう》は、もっと便利で、もっとスピーディーな行政《ぎょうせい》サービスを目指している

昔の行政《ぎょうせい》機関は・・・

各種手続きは、役所の窓口《まどぐち》じゃないとできない。

これからの行政機関は・・・

ガバメント・アズ・ア・サービス
必要なときに、どこからでも手続き可能《かのう》。

担当者から、何人もの上司経由でバトンが渡《わた》る

担当者《たんとうしゃ》から責任者《せきにんしゃ》まで多くの人がいて、
何かを決めるまでに時間がかかった。

担当者からすぐに責任者にバトンが渡る

ガバメント・アズ・ア・スタートアップ
スピード決定が可能。

3 デジタル庁《ちょう》による「重点計画」の注目ポイント

どこに重点をおいて、デジタル化を進めるの？

ミッション・ビジョン・バリューという、デジタル庁《ちょう》の活動の羅針盤《らしんばん》ともいうべき、大きな方向性《ほうこうせい》については前項《ぜんこう》で取り上げた通りです。

そうした羅針盤を基《もと》に、どんな方向に向かって、どんなことを具体的にやっていくのかが、とても重要になります。

その具体的な取り組みについてまとめたものが「デジタル社会の実現《じつげん》に向けた重点計画」です。2022年6月に発表されました。

そのなかで、テーマを6つに分けて、デジタル庁が目指す（つまり、日本が目指す）デジタル社会の実現に向けた、各テーマそれぞれの課題や取り組みなどを説明しています。

その6つのテーマとは、①デジタル化による成長戦略《せんりゃく》、②医療《いりょう》・教育・防災《ぼうさい》・こども等の準《じゅん》公共分野のデジタル化、③デジタル化による地域《ちいき》の活性化、④だれ一人取り残されないデジタル社会、⑤デジタル人材の育成・確保《かくほ》、⑥ DFFT《ディーエフエフティー》（→ P38）の推進《すいしん》をはじめとする国際戦略、です。

これら6つのテーマごとに、目標とするあるべき姿《すがた》を設定《せってい》し、その実現によって、大目的ともいうべき「デジタルの活用により、一人ひとりのニーズに合ったサービスを選ぶことができ、多様な幸せが実現できる社会」を目指すとしています。

キーワードから、デジタル庁《ちょう》が目指すものを見てみよう

「デジタル社会の実現《じつげん》に向けた重点計画」のなかでは、目指すべきデジタル社会の姿《すがた》がどんなものなのかを示《しめ》すとともに、その実現に何が必要で、デジタル庁《ちょう》自体がどんな役割《やくわり》を果たすのか、といったことが詳細《しょうさい》に書かれています。

それらすべてを細かく取り上げることは難《むずか》しいので、ここでは、デジタル庁が目

指す社会がどんなものなのかを理解《りかい》しやすいように、注目すべきキーワードに沿《そ》って見ていくことにします。

キーワードその1
「行政《ぎょうせい》手続きのオンライン化」

「行政《ぎょうせい》手続きのオンライン化」は、デジタル庁《ちょう》が取り組むテーマのなかでも、最重要・最優先《さいゆうせん》の課題だといってもいいでしょう。

第1章でも取り上げましたが、日本のデジタル化は諸外国《しょがいこく》と比《くら》べて遅《おく》れていて、特に行政機関のデジタル化、そしてオンライン化はなかなか進んでいません。

たとえば日本でも、自治体などでは、ホームページ上に行政手続きに必要な書類をデジタルデータで上げていて、必要な人はだれでもその書類をダウンロードすることができるようになっています。

ところが、その書類を使って役所に届《とど》け出《で》をするには、その書類に必要事項《じこう》を記入した上で、直接《ちょくせつ》役所の窓口《まどぐち》に持っていかなければならないのです。

この仕組みが導入される前は、書類の受け取りと提出のために2回役所へ行っていました。それが提出の1回だけで済《す》むのは、確かに便利だし、進歩であることは間違《まちが》いありません。しかし、やはりデジタル化と呼《よ》ぶには物足りないですし、「行政手続きのオンライン化」とはほど遠い状態《じょうたい》だといわざるを得《え》ません。

デジタル庁は、この重点計画のなかで、「スマートフォンで60秒で手続きが完結」「7日間で行政サービスを立ち上げられる」ことを目指すとしています。

オンライン化により、役所に出向く手間が減《へ》る

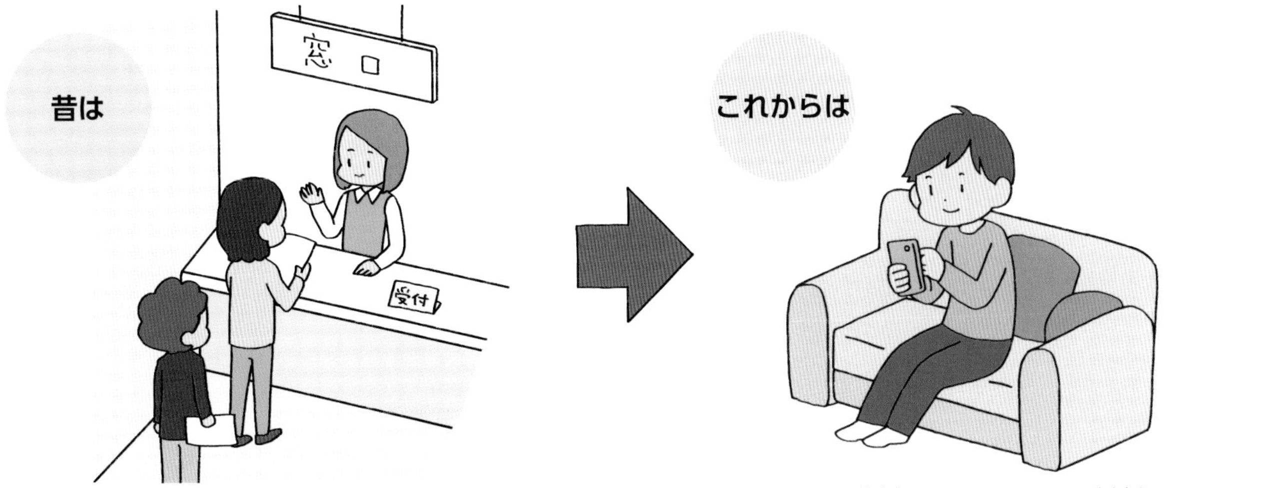

役所に行かないと手続きできない。

役所に行かず、自宅《じたく》で、スマホで、簡単《かんたん》手続き。

キーワードその2「オープンデータ」

「オープンデータ」は、文字通り、広くオープンにされた情報《じょうほう》（データ）のことです。

省庁《しょうちょう》や地方公共団体《だんたい》などの公的機関には、たくさんの情報が蓄積《ちくせき》されています。たとえば、どこの河川《かせん》が氾濫《はんらん》しやすいか、大地震《おおじしん》の際《さい》に塀《へい》などが壊《こわ》れそうな場所はどこか、といった防災《ぼうさい》に関するデータや、どの地域《ちいき》に高齢者《こうれいしゃ》が多いかといったデータなどもあります。

このような行政《ぎょうせい》機関が持つさまざまなデータを広く民間企業《きぎょう》などでも活用できる仕組みをつくることにより、民間企業の知恵《ちえ》を生かして、新しい産業を生み出したり、より国民に優《やさ》しい行政サービスの仕組みをつくり出したりできる可能性《かのうせい》があります。

たとえば、わたしたちが病院にかかった際《さい》のデータは健康保険《ほけん》組合などの機関に集められます。そうしたわたしたちの受診《じゅしん》に関するデータはレセプトと呼《よ》ばれます。

このレセプトのデータなども、（個人《こじん》を特定できないように厳密《げんみつ》に管理しながら）きちんと分析《ぶんせき》できるように整備《せいび》して、民間企業などに提供《ていきょう》できれば、新しい治療法《ちりょうほう》や、新薬開発に役立てたりすることが可能になります。

このように、国や関連の機関などが持つデータは、専門家《せんもんか》や企業が使えるようになっていれば、さまざまな活用が考えられます。「オープンデータ」には、そうした豊《ゆた》かな可能性が秘《ひ》められているのです。

もちろん、国民一人ひとりの個人情報が公開されるようなことは間違《まちが》ってもあってはいけません。きちんとした情報セキュリティ対策《たいさく》を施《ほどこ》した上で、だれもが活用できるようオープンデータを公開する仕組みをつくることはとても重要なのです。

さまざまな省庁《しょうちょう》などのデータを有効《ゆうこう》活用して、新しい商品・サービスを開発できる

さまざまなデータを自在《じざい》に組み合わせて、新しいサービスなどを開発。

キーワードその3
「ガバメントクラウド」

「ガバメントクラウド」は、政府《せいふ》機関や地方自治体などが、いわゆるクラウドサービスを使ってシステムなどを共同利用することで、無駄《むだ》な行政事務《じむ》や、無駄な費用《ひよう》を減《へ》らすことにつながるというものです。

クラウドというのは、ソフトウェアなどを目の前のパソコンなどに入れて使うのではなく、外部のコンピューター（サーバー）上で、使いたいときに、インターネットなどを経由《けいゆ》して、自分のパソコンで利用するという仕組みです。

このクラウドという仕組みを活用すると、システム開発にかかる費用を大幅《おおはば》に削減《さくげん》できたり、またソフトウェアそのものをバージョンアップするなどの維持《いじ》管理費用も大幅に削減《さくげん》することができます。

これまで、行政機関や地方自治体は独《どく》自《じ》にシステムを開発して、かつその維持管理にもたくさんのお金を使っていましたが、ガバメントクラウドが広がれば、業務《ぎょうむ》の量も、費用も大きく減らすことにつながるのです。

デジタル庁《ちょう》では、クラウドシステムを有効に活用することで、ガバメントクラウドをできるだけ早い時期にスタートさせたいと考えています。

デジタル庁が、これからどんなことに取り組み、どんな未来のデジタル社会を築《きず》き上《あ》げようとしているのかを理解《りかい》する上で、ここで取り上げたキーワードについては、きちんと理解しておくことが大切です。

ガバメントクラウドの活用で、業務量《ぎょうむりょう》もシステム費用《ひよう》も軽減《けいげん》できる

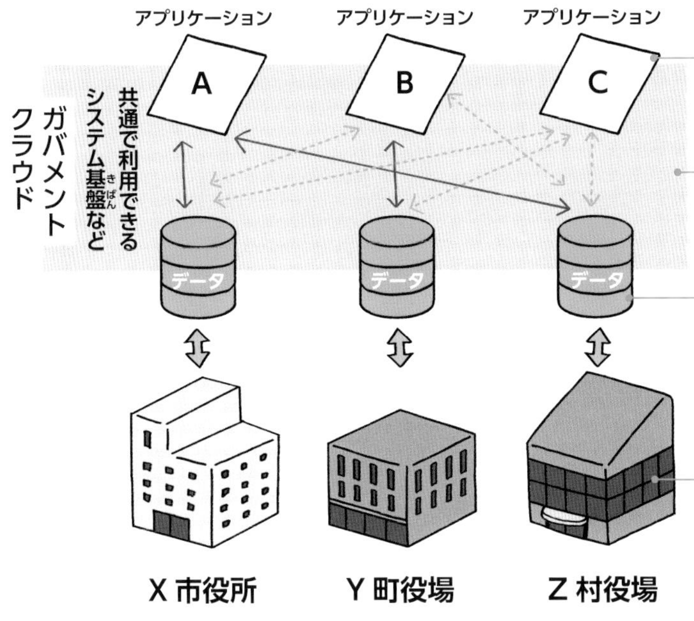

役所の業務《ぎょうむ》に使える*アプリケーションがいくつか用意されていて、役所はそのなかから自由に選んで使える。

共通で利用できる基盤《きばん》をデジタル庁《ちょう》がつくって、役所などに提供《ていきょう》。

各役所がデータを標準化《ひょうじゅんか》してクラウド上で管理。

システム基盤やアプリケーションを管理しなくてもよい。クラウドなので、使いたいときに使うだけ。

アプリケーション･･･特定の目的･機能《きのう》のために使用されるソフトウェア。

4 デジタル庁《ちょう》の役割《やくわり》・特徴《とくちょう》と、組織体制《そしきたいせい》

タテ割《わ》りの行政組織《ぎょうせいそしき》を横串《よこぐし》で刺《さ》す

国の行政《ぎょうせい》機関である省庁《しょうちょう》や、都道府県・市区町村などの地方自治体などは、どうしてもある程度《ていど》、独自性《どくじせい》を持った運営《うんえい》をしなければなりません。たとえば中央の省庁にしても、文部科学省と財務省《ざいむしょう》では、担《にな》っている機能《きのう》が異《こと》なっており、組織体《そしきたい》制《せい》や果たすべき役割《やくわり》も違《ちが》うために、情報《じょうほう》システムを設計《せっけい》するにあたっても、まったく同じ設計のシステムを使うことはできません。他の省庁でも同じです。

地方自治体も同様に、管轄《かんかつ》する地域《ちいき》の特性も異なれば、住民の数も異なるのですから、すべて一律《いちりつ》に同じ仕事の進め方ができるはずもありません。

しかし、そうした個別性《こべつせい》を必要以上に認《みと》めてしまうと、一方で、タテ割《わ》り行政といわれる、横の連携《れんけい》に乏《とぼ》しい仕事の進め方になってしまう問題もあります。

特に、デジタル化の推進《すいしん》ということについては、全省庁に対して横断的《おうだんてき》にかかわっていくことが必要になっています。たとえば情報システムなどについては、国や地方自治体などの機関が、お互《たが》いに連《れん》携《けい》できるほうが便利です。すでにふれたように、全国一律《いちりつ》に給付金を支給《しきゅう》するという場合など（→P16）、同じシステムなら、一括処理《いっかつしょり》で全国民に同時に給付金を配ることも可能になります。

タテ割りで、横の連携がない状況《じょうきょう》は、こうした効率化《こうりつか》をできなくしてしまいます。お互いに協力すれば共通で使えるようなシステムを、それぞれが開発するなど、全体として見れば、無駄《むだ》な仕事や費用《ひよう》も少なくありませんでした。

そうした無駄な仕事や費用を減《へ》らすために、デジタル庁《ちょう》が、デジタル化の推進に関して、各省庁や地方自治体などを適《てき》切《せつ》に指導《しどう》する役割を担うことになっているのです。

まさに、タテ割り組織を、デジタル化という横串《よこぐし》で刺《さ》すことが、デジタル庁の大きな役割のひとつなのです。

仕事の無駄《むだ》だけではなく、お金の無駄もなくなる？

デジタル庁《ちょう》では、まずは省庁や地方自治体がどんな情報《じょうほう》システムを構築《こうちく》し、使用しているのかをしっかり確認《かくにん》します。そして、共通で活用できるシステムは共用できるよう、デジタル庁が一括《いっかつ》管理することになっています。これまでは、各行政機関からの要請《ようせい》に基《もと》づいて、予算が割《わ》り振《ふ》られていたので、異《こと》なる行政機関で同じようなシステム開発に費用《ひよう》を使っていた、ということも多々あったようです。

しかし、今後は、共通で使用すべき情報システムなどを、デジタル庁が一元管理することで、これまでのような予算の無《む》駄《だ》づかいはなくなるといわれています。

やるべきことをやらない行政《ぎょうせい》機関をデジタル大臣が叱咤《しった》

これまで、日本のデジタル化を推進《すいしん》すべく立ち上がった組織《そしき》は、他の省庁《しょうちょう》などに対して強い発言力を持たなかったために、デジタル化などに関しても、「これをやりなさい」と命じる権限《けんげん》はなく、あくまでも「やってください」というお願いの形をとっていました。ですから、「うちではやれません」という行政《ぎょうせい》機関などがあっても文句《もんく》がいえる立場ではなかったのです。そうしたことが原因《げんいん》で、2001 年に打ち出されたe-Japan《イージャパン》戦略《せんりゃく》以降《いこう》、日本のデジタル化・オンライン化は、思うように進まなかったのです。今回のデジタル庁ではその反省に立ち、デジタル大臣に勧告権《かんこくけん》という強い権限を持たせたのです。

デジタル庁《ちょう》の登場で、システム開発の費用《ひよう》も大幅《おおはば》に軽減《けいげん》できるかもしれない

共通化できるシステムはデジタル庁《ちょう》が開発する。これまで各自治体で重複《ちょうふく》していたシステム開発費《かいはつひ》の削減《さくげん》が期待できる。

これまでの省庁《しょうちょう》にはなかった、新しい仕組みを導入《どうにゅう》している

さて、ここからは組織体制《そしきたいせい》のお話です。数ある省庁《しょうちょう》のなかで、もっとも新しい行政《ぎょうせい》機関であるデジタル庁では、組織の面でも、これまでの省庁にはなかった、新しい仕組みを導入《どうにゅう》しています。

そのうちのひとつが「デジタル監《かん》」という新しい官職《かんしょく》がつくられたことです。

デジタル監は、デジタル庁が取り組む施策全般《しさくぜんぱん》についての調整役であるとともに、関係する行政機関に対しても、施策の推進《すいしん》を促《うなが》すという役割《やくわり》を担《にな》っています。

さらに、何かの課題に取り組む際《さい》には、その都度、プロジェクトチームをつくり、課題についての専門知識《せんもんちしき》などを持った人材を集めて、業務遂行《ぎょうむすいこう》にあたるという体制《たいせい》をとっています。新しいことに取り組まなければならないとき、わざわざ○○部××課といった部署《ぶしょ》をつくるよりも、プロジェクトチームという方法をとるほうがスピーディーで動きやすいという利点があるのです。こうしたデジタル庁の特徴《とくちょう》を生かして、よりスピーディーに、日本のデジタル改革《かいかく》が進められることに、大きな期待が寄《よ》せられているのです。

注目すべきデジタル庁《ちょう》の特徴《とくちょう》

デジタル大臣は、
他の省庁《しょうちょう》に対して「勧告権《かんこくけん》」を行使。

デジタル監《かん》が、
大臣に直接《ちょくせつ》アドバイス。

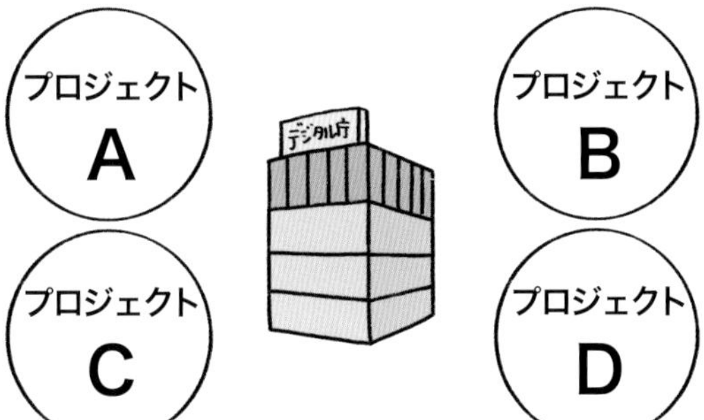

新しい取り組みには、
プロジェクトチームで迅速対応《じんそくたいおう》。

*CA《シーエー》、CTO《シーティーオー》など、企業《きぎょう》で経験豊富《けいけんほうふ》な
情報《じょうほう》システムの専門家《せんもんか》を多数配置。

CA《シーエー》、CTO《シーティーオー》・・・CAは「Chief Architect：チーフ・アーキテクト」で、情報《じょうほう》システム設計《せっけい》のチーフのこと。CTOは「Chief Technology Officer：チーフ・テクノロジー・オフィサー」で、最高技術責任者のこと。

第3章

デジタル庁《ちょう》が目指すもの

1 最《さい》優《ゆう》先《せん》は、デジタルガバメント

デジタルガバメントって何？

第1章で「日本は、電子政府《せいふ》ランキングで14位」だったということを説明しました。

「デジタルガバメント」とは、この電子政府を英語にしたもので、行政をデジタル化することを指しています。

デジタルガバメントや電子政府という言葉だけ聞くと、なんとなく“すべての書類などがデジタル化され、インターネットなどのオンラインを活用して、行政手続きなどのサービスが完結する”という状況《じょうきょう》をイメージすることでしょう。

それはそれで間違《まちが》いではありませんが、それだけではありません。

日本政府やデジタル庁《ちょう》が目指すデジタルガバメントは、デジタル技術《ぎじゅつ》を徹底的《てっていてき》に活用し、民間企業《きぎょう》などとも協力しあいながら、国と地方、官(行政機関など)と民(民間企業など)といった枠組《わくぐ》みを超《こ》えて、行政サービスを見直し、行政のありかたそのものが変革《へんかく》された政府だと定義《ていぎ》しています。

デジタル化＋オンライン化＝デジタルガバメント、ではない

大切なのは、「行政《ぎょうせい》のありかた自体を変《へん》革《かく》」することだとしています。

たとえば、引《ひ》っ越《こ》しをして住所が変われば、前の住所地の役所には転出届《てんしゅつとどけ》を提出《ていしゅつ》し、引っ越した先では転入届を提出することが、行政手続き上必要です。この手続きは、転出する場所の役所と、転入する場所の役所にそれぞれ出向いて手続きをしなければなりません。それを、必要な書類をデジタル化し、役所のホームページ上でその書類に記入すれば、それで手続きできるとなれば便利です。しかも、役所のホームページでの手続きは、パソコンでもできるけれども、スマートフォンでもできる、ということになるとますます

便利です。この便利さはデジタル化・オンライン化のおかげといえます。

しかし、デジタルガバメントが目指すのは、それだけではありません。その先があります。たとえば行政機関の間でデータを共有することで、手続きの回数を1回にすることも可能《かのう》になるかもしれません。引っ越しの手続きの例でいえば、1枚《まい》の用紙（もちろんデジタルデータです）に元いた住所と引っ越し先の住所を1回記入して、提出先となる役所を2か所（前の住所地の役所と引っ越し先の住所地の役所）選ぶだけで手続きが完了したら、もっともっと便利です。

民間企業《きぎょう》を巻《ま》き込《こ》めば、もっと便利にできます。引っ越しに伴《ともな》う住所変更《へんこう》は、銀行や電力会社などにも必要ですから、そうした民間企業への住所変更手続きも1回で済《す》むような情報システムがあるとさらに便利です。

しかしそれを実現《じつげん》するためには、デジタル化・オンライン化だけではだめで、引っ越しに関する行政手続きそのものを再設計《さいせっけい》しなければなりません。そこまでやって、国民にとって便利な行政サービスにしていくことが、デジタルガバメントのあるべき姿《すがた》なのです。デジタル庁《ちょう》はそこを目指しているのです。

行政《ぎょうせい》機関だけでなく、民間企業《きぎょう》の手続きも1回で済《す》むようになるかもしれない

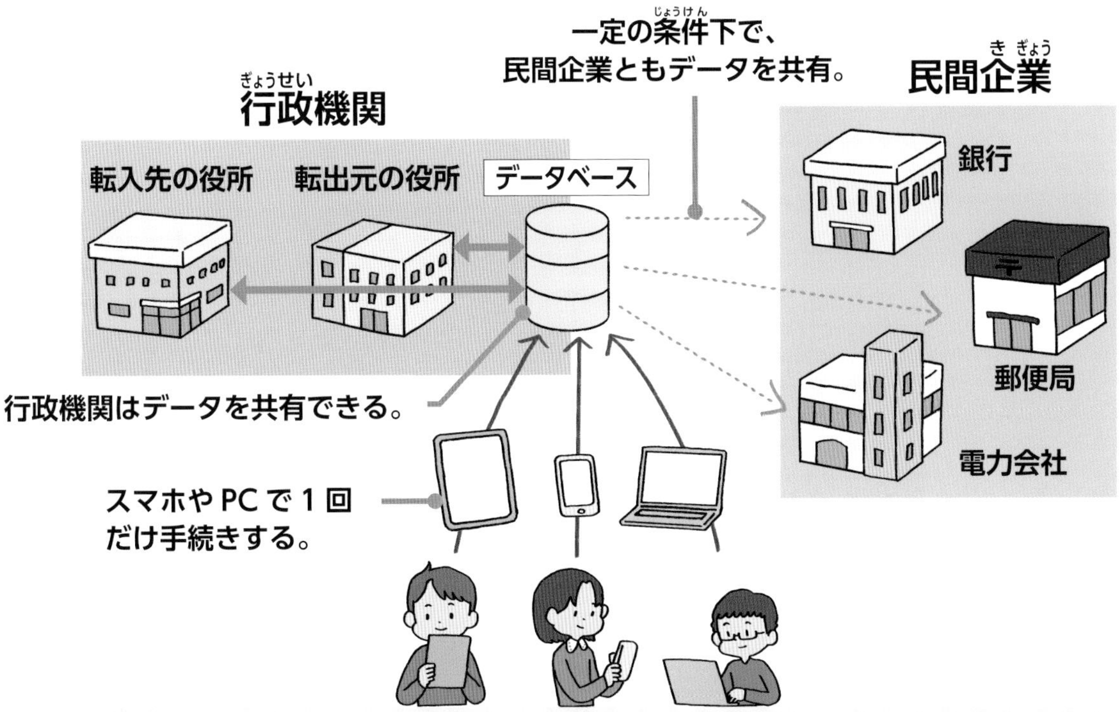

行政《ぎょうせい》機関に対して、スマホで1回手続きするだけで、本人がそのデータの使用を承認《しょうにん》すれば、関連する銀行など民間企業《きぎょう》の手続きも済《す》ませることができる。

2 デジタル庁《ちょう》が進める国《こく》際《さい》戦《せん》略《りゃく》は、世界協調戦略

デジタル推進《すいしん》で、世界はひとつになる?

第1章でもふれた通り、日本のデジタル化（DX《ディーエックス》化）は、電子政府《せいふ》ランキングで上位にランキングされるようなデジタル先進国に比《くら》べると、かなり劣《おと》っているといわざるを得《え》ない状況《じょうきょう》にあります。

そんな日本がとろうとしているデジタル分野での国際戦略《こくさいせんりゃく》とはどのようなものなのでしょうか。

デジタル庁《ちょう》の「重点計画」では、「国際戦略の推進《すいしん》」として、次の項目《こうもく》を挙げています。

- トラスト（信頼《しんらい》）を基盤《きばん》とした国際連携《れんけい》の確立《かくりつ》。
- 国際標準《ひょうじゅん》の正しい理解《りかい》と有効《ゆうこう》活用。
- 諸外国《しょがいこく》の関係機関との関係強化（諸外国の先進的な取り組みについての情報《じょうほう》提供《ていきょう》を受けたり、日本から情報提供したりする）。
- 新興国《しんこうこく》に対する（デジタル分野の）支《し》援《えん》・協力。
- DFFT《ディーエフエフティー》の具体的推進。

これらの項目を大きくまとめると、「諸外国の先進的なところは積極的に吸収《きゅうしゅう》して、（デジタル化が進んでいない）新興国には支援・協力をおしまず、有効活用できるデータは国際的に有効活用して、世界中の国々がデジタル推進でひとつになりましょう」といったことを進めようとしているということです。

日本が世界に向けて提唱《ていしょう》したDFFT《ディーエフエフティー》って何?

DFFT《ディーエフエフティー》とは、Data Free Flow with Trust（データ・フリー・フロー・ウィズ・トラスト）の略称《りゃくしょう》で、日本語に訳《やく》せば、「信頼性《しんらいせい》のある自由なデータ流通」ということになります。

これは、簡単《かんたん》にいうと、「個人《こじん》のプライ

バシーや、情報《じょうほう》セキュリティ、知的財産権《ざいさんけん》などの他者の権利に関する信頼性はきちんと守りつつ、さまざまなデータを、国《こっ》境《きょう》を意識《いしき》せずに、ビジネスや社会課題解《かい》決《けつ》に向けて、世界中の国や企業《きぎょう》が自在《じざい》に活用できるようにする」という考え方です。

とても先進的な考え方であり、これが実現《じつげん》すれば、さまざまな社会課題が解決に向かうことでしょう。

しかし、現実には世界各国にそれぞれの事情があり、またデジタル化の進展《しんてん》度合いにも差があるために、すぐに実現できることではありません。

実は、このDFFTという考え方は、2019年にダボス会議という国際《こくさい》会議の場で、当時の安倍晋三内閣総理大臣《あべしんぞうないかくそうりだいじん》が提《てい》唱《しょう》したもので、いわば日本がDFFTの提唱国なのです。

そうした背景《はいけい》もあり、デジタル庁《ちょう》でも、DFFTを世界的に広めていきたいと考えているのです。

そのために「トラスト（信頼）を基盤《きばん》とした国際連携《れんけい》の確立《かくりつ》」が必要であり、その先の「DFFTの具体的推進《すいしん》」につながっていくのです。

しかし、冒頭《ぼうとう》でふれた通り、日本はまだまだデジタル化が進んでいるとはいえず、諸外国《しょがいこく》に学ぶ点が多くあります。そのため、デジタル化（DX《ディーエックス》化）における国際基《き》準《じゅん》がどのようなものであるのかを理解し、その上で、デジタル先進国といわれる諸外国と情報交換《こうかん》することで、日本のデジタル化を推進しようとしています。そして、日本のデジタル化が進展《しんてん》したら、その技術などをデジタル新興国《しんこうこく》にどんどん提供《ていきょう》していきます。

こうして、日本が世界中のデジタル化の進展に貢献《こうけん》することで、日本が提唱しているDFFTの実現を早めることが可能《かのう》になってくることでしょう。

DFFT《ディーエフエフティー》を目指し、先進的な諸外国《しょがいこく》からは技術《ぎじゅつ》などを積極的に吸収《きゅうしゅう》し、新興国《しんこうこく》には、どんどん提供《ていきょう》していく

3 サイバーセキュリティの重《じゅう》要《よう》性《せい》が高まっている

デジタル化の進展《しんてん》と、サイバー攻撃《こうげき》の危険性《きけんせい》は比例《ひれい》する?

本シリーズの第1巻で、デジタルがどのようなものかを説明しました。同時に、社会のデジタル化が進展《しんてん》すれば、それに伴《ともな》って、ネット上でのいじめや犯罪行為《はんざいこうい》、さらにはマルウェアによるサイバー攻撃《こうげき》なども増加《ぞうか》する危険性《きけんせい》があるということにもふれました。

いじめやフィッシング詐欺《さぎ》のようなことについては、わたしたち自身が十分に気をつけることで防《ふせ》ぐことも可能《かのう》です。

しかし、昨今は世界的な大企業《だいきぎょう》や、場合によっては国家そのものに影響《えいきょう》をあたえるようなサイバー攻撃も発生するようになっています。

そうした大規模《だいきぼ》なサイバー攻撃に対しては、わたしたち個人《こじん》がセキュリティ対策《たいさく》をとるくらいでは太刀打《たちう》ちできません。

そこで、国を挙げてサイバーセキュリティに取り組むことが必要不可欠《ふかけつ》になってきています。

デジタル庁《ちょう》もその一翼《いちよく》を担《にな》っているのです。

サイバーセキュリティを担当《たんとう》するチームがある

デジタル庁《ちょう》は、いくつかの組織《そしき》グループで成り立っています。その組織グループのひとつである「戦略《せんりゃく》・組織グループ」内に、「セキュリティ・危機《きき》管理チーム」があり、ここがサイバーセキュリティなどについて担当《たんとう》しています。

このように、サイバーセキュリティの専《せん》門《もん》チームが設置《せっち》されたことは、デジタル庁の大きな特徴《とくちょう》のひとつといっても過言《かごん》ではありません。

このチームでは、民間企業《きぎょう》などでサイバーセキュリティの仕事をしていた経験《けいけん》のある専門家《せんもんか》を多数採用《さいよう》しており、高いレベルでのセキュリティ対策《たいさく》の構築《こうちく》に努めています。

サイバーセキュリティには、国を挙げての取り組みが必要

日本のサイバーセキュリティは、デジタル庁《ちょう》だけが取り組んで対応《たいおう》しているわけではありません。

デジタル庁以外にも、サイバーセキュリティ戦略《せんりゃく》本部、その事務局《じむきょく》としての内閣《ないかく》官房《かんぼう》内閣サイバーセキュリティセンター、*国家安全保障《ほしょう》会議（NSC《エヌエスシー》）、*サイバーセキュリティ協議会などの機関・団体《だんたい》が互《たが》いに協力・連携《れんけい》しながら、日本のサイバーセキュリティに取り組んでいるのです。

冒頭《ぼうとう》でもふれたように、今日ではサイバーセキュリティの重要性《じゅうようせい》が増《ま》しています。この分野でのデジタル庁の活躍にも、今後ますます注目しなければなりません。

サイバーセキュリティについて、さまざまな省庁《しょうちょう》や機関が連携《れんけい》・協力して取り組んでいる

（出典）内閣サイバーセキュリティセンター「サイバーセキュリティ戦略（閣議決定）のパンフレット」（2021 年９月）を基に作成

国家安全保障《ほしょう》会議（NSC《エヌエスシー》）･･･日本の外交や安全保障《ほしょう》に関する課題や緊急事態《きんきゅうじたい》を審議《しんぎ》するために内閣《ないかく》に設置《せっち》された機関。
サイバーセキュリティ協議会･･･サイバー攻撃《こうげき》による被害《ひがい》の拡大《かくだい》を防《ふせ》ぐことなどを目的として官民で組織《そしき》された、法の定めに基《もと》づく情報《じょうほう》共有のための協議会。

4 デジタル庁《ちょう》が発表した「デジタル田園都市」って何？

デジタルの力で、地方を主役にしていこう

一般《いっぱん》に、地方には3つの不があるといわれます。それは、「不便」「不安」「不利」です。

買い物や移動《いどう》が不便なことや、どんどん人が少なくなって、いままであった店や病院がなくなってしまう不安などが、地方には尽《つ》きません。また、企業《きぎょう》活動なども大都市ほど活発ではないために、やりたい仕事を見つけづらいという不利な面もあるなど、大都市との差がたくさんあるのです。

こうした地方の「不」をデジタルで解消《かいしょう》していこうとしています。そして「不」を解消するだけでなく、さらに、デジタルの力で地域《ちいき》それぞれの個性《こせい》を生かしながら活性化していくことで、最終的には日本全体を活性化しようというのが、「デジタル田園都市国家構想《こうそう》」です。

医療《いりょう》も、学びも、仕事も、デジタルの力で差を解消《かいしょう》

ここ数年、コロナ禍《か》によって、「在宅《ざいたく》テレワーク」という働き方が広がりました。

会社などに出勤《しゅっきん》するのではなく、自宅《じたく》にいながらにしてパソコンとインターネット通信を活用して仕事をするという働き方です。

こうした働き方が広がったことで、今までは通勤《つうきん》の都合で、会社に近い大都市圏《だいとしけん》に住んでいた人が、自然が豊《ゆた》かな地方でも、働けるようになりました。

国が政策《せいさく》として取り組んだわけではありませんが、仕事に関しては大都市圏と地方の差が、デジタルの力によって縮《ちぢ》まりつつあります。

さらに、医療《いりょう》の分野においても、今後は「遠隔診療《えんかくしんりょう》」という、離《はな》れた場所にいる医《い》師《し》が患者《かんじゃ》を診断《しんだん》するようなことがスムーズにできるようになります。

さらに近未来には、手術《しゅじゅつ》なども遠隔で

できるようになるでしょう。そうなれば、医療分野でも大都市圏と地方との差はなくなっていきます。

学びについても、政府や地方自治体を中心に、サテライトキャンパスという形で、インターネット経由《けいゆ》でさまざまな講義《こうぎ》を受けられる学びの場を、地方につくる構想などがあります。

このように、デジタルの力をふんだんに活用することで、大都市圏と地方の差はどんどんなくなり、どんなところに住んでいても、豊《ゆた》かな暮《く》らしを実現《じつげん》できるようになるでしょう。それが、デジタル田園都市国家構想の目指す姿《すがた》なのです。

デジタル田園都市の実現《じつげん》に不可欠《ふかけつ》の半導体《はんどうたい》

デジタル田園都市国家構想《こうそう》の実現《じつげん》に向けた経済産業省《けいざいさんぎょうしょう》の施策《しさく》の中では、「半導体《はんどうたい》」部品についても、取り上げられています。

日本でも、デジタル化に欠かせない半導体を、より高性能《こうせいのう》なものにしたり、必要量をしっかり確保《かくほ》したりすることが、とても重要になっているからです。

日本のデジタル化を進展《しんてん》させるためには、こうした課題に取り組んでいくことも欠かせないのです。

デジタル庁《ちょう》が考えるデジタル田園都市国家構想《こうそう》の将来像《しょうらいぞう》

子育てワンストップ	教育	生活の利便	安全安心	遠隔介護《えんかくかいご》・医療《いりょう》

目指す姿《すがた》（例） 子育て関連手続きをオンラインで完結。 **施策《しさく》（例）** ※マイナポータルを活用。 ※マイナンバーカードを使った行政《ぎょうせい》の手続きなどができるポータルサイト。	**目指す姿（例）** 日本全国の最先端《さいせんたん》教材を活用／世界最先端の設備《せつび》の共用。 **施策（例）** ※GIGA《ギガ》スクール構想《こうそう》。 ※児童・生徒１人に１台のコンピューターと高速ネットワーク環境《かんきょう》を整備した学校をつくる構想《こうそう》のこと。	**目指す姿（例）** どこにいても必要なものが届《とど》く／どこにでもいける。 **施策（例）** ドローンと自動走行で空間を超越《ちょうえつ》。	**目指す姿（例）** 最先端技術《ぎじゅつ》を使った予防《よぼう》／予測《よそく》／救助《きゅうじょ》。 **施策（例）** 防災《ぼうさい》プラットフォームの構築《こうちく》／防災業務《ぎょうむ》のデジタル化／クラウドを利用した被災《ひさい》者支援《しゃしえん》。	**目指す姿（例）** どこにいても個別最適《こべつさいてき》医療／介護を受けられる。 **施策（例）** スマホで※ライフログ情報《じょうほう》を確保《かくほ》。 ※個々人の生活や体験を、デジタルデータとして記録する技術、または記録自体のこと。

デジタルの力で、教育から生活、医療《いりょう》・介護《かいご》まで、どこに住んでいても、最先端《さいせんたん》サービスを受けることができる。

（出典）デジタル庁「デジタル田園都市国家が目指す将来像について」
第二回デジタル田園都市国家構想実現会議（令和３年 12 月 28 日）資料を基に作成

コラム

世界的な半《はん》導《どう》体《たい》不足と、日本の未来

本シリーズ第 1 巻で、デジタル社会が進展《しんてん》していく上では、「半導体《はんどうたい》」がとても重要だということについてふれました。

また、本書第 3 章の「4. デジタル庁《ちょう》が発表した『デジタル田園都市』って何 ?」(→ P42)の項《こう》でも取り上げたように、デジタル社会とは、デジタル機器がいたるところで活用される社会です。ですから、その中心的な部品である半導体は、日本はもちろん、世界的に重要度を増《ま》しているのです。

しかし、この半導体が、2020 年以降《いこう》、世界的に不足する事態《じたい》になっており、日本においても、さまざまなところで悪影響《あくえいきょう》が出ています。

不足してしまった原因《げんいん》はいくつもあるといわれていますが、新型《しんがた》コロナウイルスの感染《かんせん》拡大《かくだい》や、ロシアによるウクライナ侵攻《しんこう》も大きな原因になっています。

世界的に新型コロナウイルスの感染者が続出して、半導体工場が操業《そうぎょう》できなくなったことも原因のひとつです。また半導体の生産に必要な希少金属《きしょうきんぞく》などの原材料の一部はロシアやウクライナから供給《きょうきゅう》されているものもあり、ウクライナ侵攻が長引けば、半導体不足はさらに大きな問題になる可《か》能性《のうせい》があります。

ロシアの侵攻《しんこう》によって破壊《はかい》されたウクライナの街。侵攻が長引けば、半導体《はんどうたい》不足もさらに深刻化《しんこくか》する可能性《かのうせい》がある。

日本は、デジタル機器などに必要な半導体《はんどうたい》の多くを、海外に頼《たよ》っている

1988年当時、日本の半導体《はんどうたい》生産量は全世界の約半分である50.3%を占《し》めていました。しかし、その後はどんどん減少《げんしょう》していきました。

2019年時点での日本の生産量は全世界のわずか10%程度《ていど》にまで減少しています。

世界的なデジタル社会の進展《しんてん》によって、半導体の必要性《ひつようせい》がますます高まっていく中で、日本は自動車や家電製品《せいひん》の生産にあたっても、海外の半導体に頼《たよ》らなくてはいけない状況《じょうきょう》となっています。今後ますます、その依存度《いぞんど》は高まっていくことでしょう。日本では、経済産業省《けいざいさんぎょうしょう》が中心となって、より高性能《こうせいのう》な半導体を開発したり、日本の産業に必要な量の半導体を確保《かくほ》したりするための努力が続けられています。

日本での半導体《はんどうたい》生産量はどんどん減少《げんしょう》している

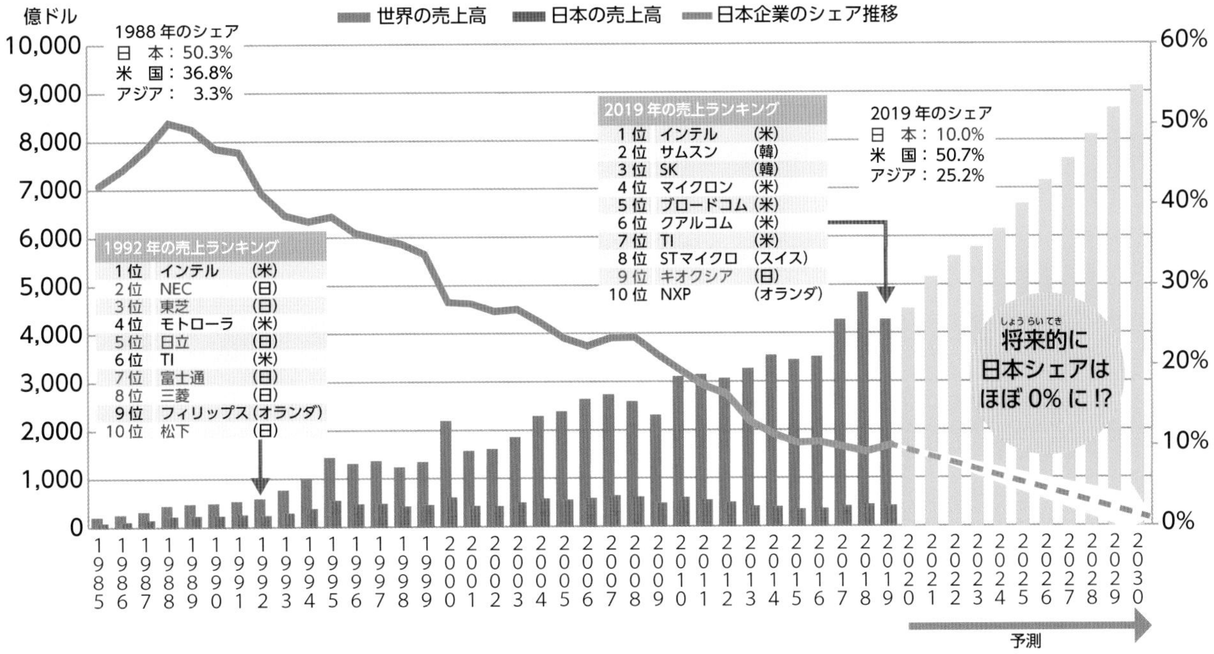

（出典）経済産業省「半導体戦略（概略）」

世界的な半導体《はんどうたい》の必要性《ひつようせい》の高まりに反して、日本の半導体生産能力《のうりょく》は低下しており、海外からの半導体輸入《ゆにゅう》が滞《とどこお》ると、自動車や家電製品《せいひん》をつくれなくなってしまう。

さくいん

アルファベット

あ

か

さ

た

な

は

ま

ら

●監修

池上 彰（いけがみ あきら）

1950 年長野県生まれ。1973 年 NHK に記者として入局。松江、呉での勤務の後、東京の報道局社会部記者。事件、事故、気象、災害、教育、消費者問題等を取材。1994 年から 11 年間、NHK の「週刊こどもニュース」のキャスターとして、大人の世界のニュースを、小学生にもわかるように伝える番組の責任者を務める。

2005 年に NHK を辞めて独立、現在はフリージャーナリストとして、世界各地を取材し、執筆の傍ら各種メディアにも出演している。主な著書に、『そうだったのか！現代史』（集英社）、『伝える力』（PHP 研究所）、監修に『池上彰の新聞活用大事典』『池上彰のみんなで考えよう 18 歳からの選挙』『池上彰と考えるフェイクニュースの見破り方』『池上彰と考える災害とメディア』（いずれも全 4 巻、文溪堂）他多数。

●装丁

村口敬太（Linon）

●本文デザイン・DTP

有限会社オズプランニング

●イラスト

有限会社オズプランニング・酒井由香里

●写真提供

カバー・表紙　左下：umaruchan4678 ／ stock.adobe.com
中央左：PIXTA
中央右：イシワタフミアキ
右：sdecoret ／ stock.adobe.com

本文：23 ページ　東洋経済／アフロ
44 ページ　ロイター／アフロ

●編集協力

図書印刷株式会社／
有限会社オズプランニング・河村郁恵

ISBN 978-4-7999-0467-1　NDC360　48p　293 × 215mm

池上彰と考える

未来の社会とデジタル庁

3．デジタル庁が目指す未来

2022 年 12 月　初版第 1 刷発行
発行者　水谷 泰三
監　修　池上 彰
発行所　株式会社**文溪堂**
〒 112-8635　東京都文京区大塚 3-16-12
TEL　営業　(03) 5976-1515　　編集　(03) 5976-1511
ホームページ　https://www.bunkei.co.jp
印刷・製本　図書印刷株式会社